コンビニから社会をさぐる③

コンビニの地域貢献が止まらない！

すずき出版

コンビニは地域と二人三脚！！

吉岡 秀子
（コンビニジャーナリスト）

　日本には47都道府県があり、そのすべてにコンビニが出店しています。寒さが厳しい北海道のお店は入口が二重扉になっていたり、沖縄には店先にシーサーを置くお店があったり。おなじみの看板を掲げているため、どこも同じに思えるコンビニですが、よく観察してみると、地元の特色を生かしたくふうがいっぱいあります。

　『コンビニから社会をさぐる』3巻では、みなさんの身近にあるコンビニが、どのように地域の役に立っているかを紹介します。災害など、「もしも」のときにも人々の生活を支えるためのしくみを作る。また、地元産品を使って商品を作ったり売ったりして地域の活性化に貢献するなど、みなさんと同じ街に暮らす住民として、コンビニ1店1店が奮闘しているのです。1巻、2巻では、最先端の事例を通して「未来のコンビニはどうなるんだろう？」と考えてきました。3巻ではぜひ、こう想像してみてください。「わたしたちの街の未来はどうなるんだろう？」。探究心をもって周囲に目を向けると、きっとわくわくするような気づきがあるはずです。

もくじ

キャラクター紹介

コンビニ大好き!!

小学3年生です！

コンビニは毎日行くよ!

小学4年生です！

個性的なコンビニもありますよ。

吉岡先生

3

コンビニエンスストアの昔と今

[セブン-イレブン]

■ **セブン-イレブン1号店「豊洲店」**（東京都江東区豊洲、1974年5月オープン）

昔

セブン-イレブンは、アメリカではじまったお店で、豊洲店では、アメリカで人気のハンバーガーなども売っていました。

セブン - イレブンの日本第1号店は、東京の豊洲に誕生しました。1974年のことです。
フランチャイズシステム（→10ページ）のコンビニエンスストアとしては、日本初の店舗でした。
この第1号店は、今でも同じ場所で営業をつづけています。

■ 現在のセブン - イレブン（標準店舗の例）

今

店員さんの制服は、
昔はオレンジ色だったんだ。

お店の中のようすは、
50年ですっかり変わったんだね。

社会の**変化**とコンビニの**歴史**

年代	1970年代	1980年代
社会の特徴	\	\
コンビニの特徴	\	\
社会のできごと	\	\
コンビニのできごと	\	\

社会の特徴

景気が上向き、人々の生活様式が変化。
経済が成長していく時代だったため、仕事がふえていそがしい人が多くなった。
そのため、よりかんたんに、そしてべんりに買い物したいと考える人も多くなった。

コンビニの特徴

タイムコンビニエンス（「24時間営業している」という利用時間のべんりさ）
いそがしい人がふえたことを受けて、これまでの店ではやっていなかった
「24時間営業」「手軽に、すぐに食べられる食品の販売」を取り入れたことで、
コンビニは社会に受け入れられていった。

社会のできごと

1974年 大規模小売店舗法施行
（店舗面積が一定の基準を超える出店をする場合は、周辺地域に
悪影響が出ないようにすることを決めた法律）

1976年
大和運輸（現・ヤマト運輸）が
宅急便サービスを開始

1986年
バブル景気

1986年
男女雇用機会均等法施行
（職場などで性別によってことなる
あつかいをすることを禁じる法律）

コンビニのできごと

1973年 ファミリーマート1号店開店

1974年 セブン‐イレブン1号店開店（フランチャイズ形式による日本初のコンビニ）

1975年
セブン‐イレブンが
24時間営業を開始

1975年
ローソン1号店開店

1976年
セブン‐イレブンが共同配送を開始

1978年 セブン‐イレブンが
「パリッコフィルム」のおにぎりを販売

1979年 セブン‐イレブンが
おでんの販売を開始

1979年 ローソンが
フライヤーを導入

1980年 ローソンが
オリジナル肉まんの販売を開始

1981年 ローソンが
映画前売券の販売を開始

1982年
セブン‐イレブンが
POSシステムの導入を開始

1986年 ローソンが
「からあげクン」を発売

1987年 セブン‐イレブンが一部の
公共料金から収納代行サービスを開始

👆 **コンビニエンスストア（コンビニ）とは**

売場面積30平方メートル以上、250平方メートル未満で、おもに飲料や食品を取りあつかう店舗です。日本では1970年代に登場しはじめました。そのころは大型スーパーや百貨店が多く、商店街などの個人店は苦戦していました。そこで大型スーパーなどとはちがう特徴をもつコンビニへと近代化をはかったのです。そしてコンビニは、同じ名前やマークを使い、たくさん店舗を運営するしくみである「フランチャイズシステム」によって、全国に急速に広がりました。

「コンビニエンスストア」は、「べんりなお店」という意味です。この本では「コンビニ」と略して呼ぶことにします。日本で最初のコンビニが登場して以来50年のあいだに、コンビニは日本全国に広がり、取りあつかう商品も変わりつづけています。社会の変化とコンビニの歴史は、大きくかかわっています。年表でたどってみましょう。

	1990年代	2000年代	

景気が悪くなり、人々のお金の使い方が変化。

好調だった経済が悪化して不況となり、よりよいものをできるだけ安く買いたいと考える人がふえた。
そして、できるだけ価値のあるものにお金を使いたいと考えるようになった。

クオリティコンビニエンス（「高品質のよい商品」「多様なサービス」というべんりさ）

コンビニは、たんにべんりさを追求するだけの場所にとどまらず
「街のインフラ（生活や産業の土台となる施設）」「災害時のライフライン」として、
多くの利用者から支持を得るようになった。それにともなって、出店もふえた。

- **1991年**
- **1995年** 阪神淡路大震災発生
- **2000年** アマゾンドットコムが日本語サイトをオープン

- **1996年** 腸管出血性大腸菌 O157感染症が流行
- **2008年** リーマン・ショック（アメリカの証券会社の倒産をきっかけに世界経済が悪くなった事件）

- **1996年** セブン - イレブン、ファミリーマートがゲーム機・ソフトの販売を開始
- **2003年** ローソンが全店に郵便ポストを設置

- **1997年** ローソンが47都道府県に出店達成
- **2006年** ファミリーマートが47都道府県に出店達成

- **1997年** ローソンが利用者にトイレを開放
- **2006年** ファミリーマートが「ファミチキ」を発売

- **1998年** ローソンがマルチメディア端末「Loppi」を全店に導入
- **2007年** セブン - イレブンが電子マネー「nanaco」のサービス開始

- **2007年** セブン - イレブンでグループ共通のプライベートブランド「セブンプレミアム」を発売

- **1999年** ファミリーマートがATMサービスを開始
- **2009年** ローソンが「プレミアムロールケーキ」を発売

👆 共同配送について

昔は、商品ごとに何台ものトラックで配送していましたが、1980年代に、いろいろな商品を倉庫に集め、そこから店舗ごとに商品をまとめて送る共同配送がはじまりました。店舗の受け入れも楽になり、トラック便がへって排気ガスもへりました。また、商品は冷凍・冷蔵・常温などの温度帯ごとに分けられ、品質が保たれるようになりました。

社会もコンビニも、50年のあいだに、いろいろあったんだね。

2010年代	2020年代

IT技術の発展などで人々の日常が変化。

多くの自然災害を経験し、エネルギーや地球環境を大切にしようという意識が、社会に広がっていった。それがSDGsへの関心につながった。IT技術の発展により、社会が劇的に変わった。

ライフコンビニエンス（地域の人々の暮らし「ライフ」を支えてくれるというべんりさ）

震災体験などにより、家族や仲間との「絆」の大切さや、地球環境の大切さが見直され、環境に配慮した商品・サービスが求められるようになった。そして、日本の少子高齢化による人手不足などへの対応や、人々の暮らしをよりべんりにするためにデジタル化が進んだ。

2011年 東日本大震災発生

2016年 熊本地震発生

2020年 新型コロナウイルス感染症が流行

2023年 新型コロナウイルス感染症が5類感染症へ移行

2024年 能登半島地震発生

- 2010年 ローソンがセルフレジを導入
- 2010年 ローソンのプライベートブランド「ローソンセレクト」を発売
- 2011年 セブン-イレブンが移動販売「セブンあんしんお届け便」を開始
- 2017年 セブン-イレブンがペットボトル回収機を設置
- 2018年 ローソンでスマホ決済サービスを開始
- 2019年 セブン-イレブンが47都道府県に出店達成
- 2019年 ファミリーマートが「ファミマこども食堂」を開始
- 2019年 ファミリーマートが決済機能つきアプリ「ファミペイ」を開始

- 2021年 ファミリーマートが無人決済店舗1号店開店
- 2021年 ファミリーマートが「ファミマフードドライブ」の本格展開を開始
- 2021年 ファミリーマートのプライベートブランド「ファミマル」を発売
- 2022年 ローソンが近未来型店舗「グリーンローソン」開店
- 2024年 セブン-イレブンが地域の木材を使用した次世代環境配慮型のコンビニ開店
- 2024年 ファミリーマートがデジタルサイネージを全国10,000店に設置完了

 ## POSシステムについて

どの店舗でどんな商品がどれくらい売れているかを管理するコンピュータシステムです。これにより、店舗ごとに、商品の売れ行きがつかめるので、売れ残りや商品不足を起こさないように商品を仕入れることができます。

プライベートブランドについて

プライベートブランドとは、小売業者が、メーカーと協力して独自に作る商品です。POSシステムやカードデータなどでつかんだ情報を分析して、ヒットをねらえる商品を開発します。プライベートブランドは、菓子やカップ麺などいろいろな商品に広がっています。

ネットワークで地域貢献！

　コンビニの多くは、「フランチャイズシステム」によって運営されています。コンビニ各社は本部（フランチャイザー）と呼ばれ、各店舗（フランチャイジー）の経営をサポートするしくみです。各店舗は、本部に加盟金などを支払って、商品を仕入れ、ブランド名を分けてもらい経営の仕方を教えてもらったりしています。コンビニは地域に密着していますが、店舗がフランチャイズシステムのネットワークでつながっているので、全国のどこの店舗に行っても、同じ商品を買うことができ、同じサービスを受けることができるのです。

　コンビニは、このような特徴と強みを生かして、全国各地で地域貢献を行っています。地域の人々の暮らしを守り、災害などの緊急時にも対応できるように準備しているのです。

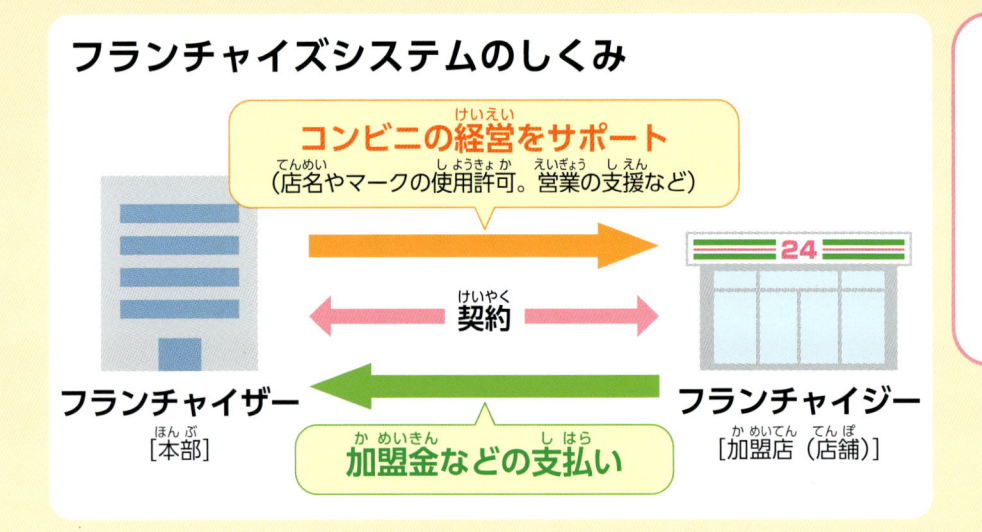

フランチャイズシステムのしくみ

コンビニの経営をサポート
（店名やマークの使用許可。営業の支援など）

契約

フランチャイザー
[本部]

加盟金などの支払い

フランチャイジー
[加盟店（店舗）]

わたしたち利用者が、全国どこでも、同じ商品が買え、サービスを利用できるのは、フランチャイズシステムのおかげですね。

地域の課題への取り組み

　現在、日本には、少子高齢化や人口減少、防災など、たくさんの課題があります。また、それぞれの地域には、その地域独自の問題などもあります。たとえば、人口が集中する都市部では、犯罪の増加や感染症の拡大などが心配されています。

いっぽう、人口がへっている地域では、若い人が少なくなったり、店がへったり電車やバスの運行本数がへったりして、街に活気がなくなっています。こうした地域ごとの問題に対応するために、多くのコンビニはそれぞれの自治体と「包括連携協定（→13ページ）」を結んでいます。自治体ごとの課題を解決し、街の活性化を推進するために、たがいに協力し合っているのです。

鳥取県と株式会社セブン-イレブン・ジャパンとの
包括連携協定 締結式

● 安全・安心な街づくりのための取り組み

警察庁から活動要請を受けて、日本フランチャイズチェーン協会（JFA）に加盟するコンビニが、街の安全・安心の基地となる「コンビニエンスストア・セーフティステーション活動」を行っています（→14ページ）。地域の防犯対策に協力して、危険な目にあいそうになったり、こまったことがあったりしたときに、安心してかけこめる場所として、コンビニが大切な役目を果たしています。

あっ！

このマーク、見たことあるよ！

セーフティステーション活動実施店のポスター

● 災害時の対応

多くのコンビニは、各自治体とのあいだで「帰宅困難者支援協定（→23ページ）」を結んでいます。災害が起こったときに、こまっている人たちを助けるための場所になるのです。大きな災害の直後に、バスや電車などの公共交通機関がストップして、家に帰ることが難しくなった人たちのために、コンビニは水道やトイレを開放したり、必要な情報を提供するなどしています。また、被災地で不足している食料や生活に必要なものを届けることを決めた「災害支援協定」も結んでおり、自治体に協力しているのです。

近くにコンビニがあれば、災害のときも心強いね！

セブン-イレブンでは、災害地域の店舗や物流などの状況をすぐにキャッチして、なるべく早く店舗を復旧させるため、災害対策システム「セブンVIEW（→18ページ）」を独自に開発しています。

おぼえておいてね！

自治体とは 地域の現状や事情に合わせて、住む人の声を生かした政治を行う地方公共団体のこと。具体的には、都道府県や市町村などをさします。

地域活性化

1 地域と協力して街を元気にする取り組み

　現在、日本で大きな課題となっているのは、少子高齢化と人口減少です。こうした課題には日本全体で取り組まなければなりませんが、地域ごとに事情もちがうので、自治体とコンビニなどが包括連携協定（→13ページ）を結んで取り組んでいます。また、日本は地震が多く、世界的な気候変動の影響もあって、大型の台風や豪雨などの被害も年々ふえています。その備えや対策、被災後の対応なども重要な課題です。コンビニは、こうした課題を解決するために、自治体とどのように協力して、どんな取り組みをしているのでしょうか。

コンビニはどんな協力をしているのだろう

　コンビニは、近所の人々の生活に深く結びついている場所です。地域の人々が必要としているものは何なのか、また、どんなことにこまっているのかを知ることができる場所ともいえるでしょう。

　またコンビニは、フランチャイズシステムによって、特定の地域の情報や商品などをほかの地域のコンビニと共有することもできます。

　さらには、都道府県や市区町村などの自治体とコンビニが協力して、地域がもつ課題の解決に取り組んだり、地域を元気づけるための活動に取り組んだりしています。

　たとえば、ローソンでは68の自治体（45道府県、23市区町村）と包括連携協定を結んで、さまざまな地域貢献活動に取り組んでいます（2024年7月末時点）。ローソンのおもな取り組みについて見ていきましょう。

 **地域の観光情報の発信や、地元の特産品などの販売**

　自治体が発行する観光チラシなどを店舗に設置して、地域情報の発信に協力したり、地元の食材などの特産品を使った商品開発や販売などで、地元の産業の活性化に取り組んだりしています。全国に広がるローソンのネットワークを活用して、地元の特産品などを、地元以外のローソンで販売するアンテナショップも展開しています（→37ページ）。

② 子育て支援や高齢者支援、スポーツ振興など

お年寄りの見守りにも協力してくれるんだね！

一部の店舗では、店頭でのミルク用のお湯の提供や、高齢者の見守りを実施しています。また地元のスポーツ振興に協力するなどして子どもたちの健全な成長を支援するなど、地域の人々を支え、街を元気にする活動をしてします。

③ 災害対策

災害が発生した場合には、全国規模の物流のネットワークを生かして、必要な食料や水などを近くの配送センターから被災地に運びます。また各店舗では帰宅困難者を支援します（→23ページ）。

④ 環境問題への取り組み

ローソンでは、プラスチックの使用量をへらす取り組みや、ペットボトルのリサイクルなどに積極的に協力することはもちろん、一部の店舗では、街の緑化運動や清掃活動に地域の人たちといっしょに参加しています。

ローソンでは、フランチャイズ加盟店のオーナー（店舗の所有者）や店長、店員さん、さらにローソンの社員やその家族のみなさんなども参加して、自分たちの住む地域をきれいにする活動をしていますよ。

地域の清掃に協力

おぼえておいてね！

包括連携協定とは

都道府県や市区町村などの自治体と、一般の企業などが、地域のかかえる課題の解決に向けて、おたがいに協力して取り組むことを約束する決めごとです。地域にある大学や金融機関、地元企業などが自治体と包括連携協定を結ぶこともあります。コンビニ各社と多くの自治体が包括連携協定を結び、その地域の課題解決や活性化に取り組んでいます。

2 街のコンビニが、安全・安心の場所になる

「コンビニエンスストア・セーフティステーション活動」とは、2000年に警察庁から日本フランチャイズチェーン協会（JFA）に対して、「まちの安全・安心の場所になってほしい」という要請があり、JFAに加盟するコンビニ各社が「地域社会の安全・安心に貢献するお店づくり」をめざす取り組みです。2005年10月から全国展開しています。

地域の安全を守る場所といえば、交番を思い浮かべる人も多いかもしれませんが、全国にあるコンビニの店舗数は、交番の数よりもずっと多いのです。身近なところにあって、24時間ずっと照明がついていて、いつでも人がいるコンビニへの期待が高まっています。

■「コンビニエンスストア・セーフティステーション活動」

セーフティステーション活動とは

コンビニが、商品やサービスを提供するとともに、地域に住む人や、国、自治体と協力して、「安全・安心」な街づくりと、子どもたちのすこやかな成長のサポートに取り組んでいる活動です。

コンビニ

地域・住民

国・地方団体・関連団体

安全・安心な街づくりに協力

【防犯・防災対策】
◎地域ぐるみで犯罪をふせぐ体制を強化。
◎緊急事態のときの110番・119番通報。

【安全対策】
◎女性や子どものかけこみへの対応。
◎お年寄りや障がいのある人の買い物の手伝いと連絡。
◎認知症の可能性がある人の保護と連絡。
◎地域の人々への安全情報の発信と提供。
※警察などとの連携。

青少年環境の健全化への取り組み

◎20歳未満の利用者へのお酒やたばこの販売防止。
◎18歳未満の利用者への成人向け雑誌の販売や立ち読みなどの防止。
◎近所めいわくや、営業妨害につながる「たまり場」化の防止。
◎体験学習の受け入れ。
※警察や学校などとの連携。

関連事項

◎店舗周辺の清掃の徹底。
◎地域との交流などの強化。

※日本フランチャイズチェーン協会（SS広場）のページを参考にしました。

セーフティステーション活動のための取り組み

① 安全、安心な街づくりへの協力

セーフティステーション活動実施店
地域社会の安全・安心なまちづくりと青少年環境の健全化に努めます

SAFETY STATION
SS
エスゾウくん

こまったときは…
エスゾウくんのお店へ！
110 119

日本フランチャイズチェーン協会
後援：経済産業省・警察庁・消費者庁・子ども家庭庁・消防庁・国税庁・厚生労働省

コンビニ店頭

◀ このエスゾウくん
ポスターが
目印です。

◎防犯・防災対策

防犯カメラの設置や、店員が店内の見まわりなどをすることで、万引きなどの発生の防止に取り組んでいます。
また、店舗によっては、地域の警察署と連携して、防犯訓練なども実施しています。

◎安全対策

セーフティステーション活動の取り組みを実施することはもちろん、最近では認知症のお年寄りがふえていることをふまえて、各コンビニは認知症サポーターの養成に力を入れています。

なにかあったら、
かけこんで
いいんだね。

もちろん、交番があれば交番がいいのですが、コンビニのほうが近ければ、コンビニに助けを求めていいんですよ。

おぼえて
おいてね！

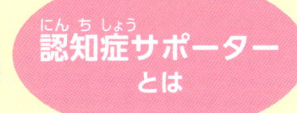

**認知症サポーター
とは**

認知症に対する正しい知識をもち、理解したうえで、認知症の人やその家族に対して、できる範囲で手助けする人です。全国の自治体で養成講座が開催されています。

② 青少年の健全な育成サポートへの協力

20歳未満の利用者への
お酒・たばこの販売防止

20歳未満の利用者に、たばこやお酒を売らないために、レジで年齢が確認できないと買えないしくみになっています。また育成サポートとして、青少年を対象に職場体験学習を実施する店舗もあります。

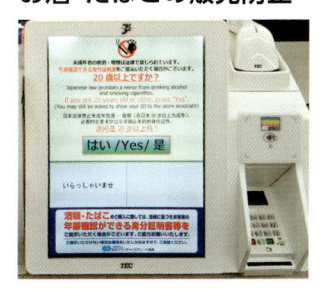

こんなとき、コンビニが役立つ！！

具合が悪くなったり、けがをした人がいたら、近くのコンビニへ知らせに行く。

コンビニでは、必要に応じて救急車を呼ぶなどの対応をする。

学校の帰りなどに、こわい思いをすることがあったら、コンビニへかけこむ。

コンビニでは、店員が保護するなどの対応をする。

交番よりコンビニが多いって、ホント！？

日本フランチャイズチェーン協会の統計調査によると、2024年4月度時点のコンビニの店舗数は55,647店でした。これに対して、令和6年版警察白書によれば、2024年4月時点での全国の交番・駐在所の数は12,138か所（交番6,215・駐在所5,923）なので、コンビニは交番・駐在所の4倍以上もあることになります。

交番よりコンビニのほうが、よく見かけるよね。

セーフティステーション活動によって、コンビニがその街の安全・安心の基地になるのです。

実際にあったこと

詐欺被害の防止

ちょっと待って！

高齢の利用者が「プリペイドカードを30万円分購入したい」と来店しました。あまりに高額なため、おかしいと感じた店員が店長へ相談し、警察へ通報。くわしく話を聞いたところ、詐欺の被害にあうところでした。店員の気づきで、詐欺被害をふせぐことができました。

行方不明だった少女を保護

行方不明

夜遅い時間に、少女がひとりで入店したことをおかしいと感じ、店員が少女のようすを見ていました。よく見ると、警察の行方不明者情報に掲載されている少女と似ていたので、声をかけると、本人だとわかり、無事に保護することができました。

具合の悪い利用者を介抱

熱中症のような症状で、具合が悪そうな利用者が来店したので、水分補給するためのスポーツドリンクと、熱を冷ますための冷却シートを渡し、しばらくのあいだ、休憩室で休んでもらいました。少し休むと、体調が回復し、元気を取り戻しました。

けがをして、助けを求めてきた高齢者に対応

119番

店舗の近所に住んでいる高齢者が、自宅で転倒し、頭に大けがをおいました。しかし、そのとき家族がだれもいなかったため、近くのコンビニで助けを求めました。オーナーはその高齢者を介抱しながら、すぐに救急車を呼ぶなどの対応を行いました。

セブンVIEW

災害情報をいち早くキャッチできる災害対策システム

日本では毎年、台風や豪雨、地震など多くの自然災害が起こっています。人々の命や財産を守るために、国や都道府県などの防災担当がさまざまな準備をして、災害に備えています。しかし、災害が起きたときには、情報が混乱し、正しい情報が必要な人に届かなかったり、想像を超えるような大変なできごとが起こることもあります。だからこそ、災害後すぐに正しい情報を得ることは、とても重要だといえるでしょう。全国にネットワークをもち、人々の生活に密着しているコンビニは、その強みを生かして、災害時のスピーディーな対応に力を発揮しています。

コンビニが独自に開発した災害対策システム

セブン-イレブンでは、災害対策システム・セブンVIEWを独自に開発し、その改良は今もつづいています。セブンVIEWは、災害が起きたときに店舗や配送の状況をすぐにつかみ、できるだけ早く安全に店舗を復旧させて、地域の人々の生活を支えるために開発されました。省庁や自治体などとも連携し、災害予測を立てる取り組みにも役立てられています。

本部

オーナーコミュニケーションアプリ

店舗から状況を
直接報告できる専用アプリ

セブンVIEW

約21,000店舗の停電状況、
輸送車両約7,000台の状況などを
地図上に表示

セブンVIEWのしくみ

セブンVIEWのシステムのベースは、Googleマップの情報です。ここにセブン-イレブン店舗の位置と、統合災害情報システム「DiMAPS（→21ページ）」や、気象庁（→21ページ）などの情報が表示されるようになっています。これまでは、災害に関する情報を別々に確認しなければなりませんでしたが、セブンVIEWはひとつのマップ上でまとめて見ることができます。今どこで洪水が起こっているか、通行ができない道路はどこかなどの被害状況と、今後予想されている雨風や雷、雪などの気象情報を、同時に見ることができるのが特徴です。被害状況を正確に理解したうえで、今後の予報に応じた対策を立てることができるのです。

■セブンVIEWの画面

オーナー
コミュニケーションアプリ

セブンVIEW

被災地などでは、少しでも早いお店の営業の再開が望まれます。こうした災害時の情報はそのためにも大切です。

セブンVIEWで確認できる情報

◎被災地の店舗や商品配送の状況

　被災地にある店舗の営業状況や倉庫、工場の状態、配送トラックの位置や画像データから、被災地全体の被害状況を確認するしくみです。それぞれのデータから、そのエリアの停電状況や、道路の交通情報を知ることができます。

◎ハザードマップや被災関連のSNS表示、天候予測など

　被害状況や気象情報、警報や河川洪水ハザードマップ、避難情報などが発生直後に表示されます。また、SNS（→21ページ）に投稿された被害状況や、被災地で必要としているものについての情報も表示され活用されています。
　セブンVIEWはハザードマップや気象情報を合わせて表示することで、被災地における効率的な支援と少しでも早い店舗の復旧をめざしています。セブン-イレブンは国や自治体、地域の人たちと協力して、SNSからの情報収集を行い、店舗の浸水センサーの活用も進めています。

さらに役に立つアプリへ

セブンVIEWは、国や研究機関とさらに連携して、もっと役立つアプリになるように改良をつづけています。

断水状況、水位情報をつかむ実験

セブン-イレブンでは、2022年から、断水状況を確認するための実験を開始しています（2025年1月時点で、一部店舗約5,700店で実験中）。各店舗に設置されているコーヒーマシンは水道管につながっていて、マシンの中の水が少なくなると、自動的に給水されるしくみになっています。水が給水されないと異常を知らせるシステムを活用して、断水している場所をセブンVIEWのマップに表示させることができます。また、店舗の敷地内に浸水センサー（建物が水に浸かる危険を知らせる機械）を設置して水位を測定し、この水位情報をすぐにセブンVIEWに示すことで、浸水被害にあわないための事前準備につなげる実験もはじまっています。

★ 東京都と連携した実験 ★

店舗のコーヒーマシンから断水状況がわかる機能を活用し、2023年2月には、東京都と連携した実験も行われました。大きな災害が発生したときには、長期間、断水がつづく危険性があります。人々の生活に欠かすことのできない水の供給を、なるべく早く復旧させるための取り組みです。東京都のシステムでは、水道管のトラブルを知らせる専用の機器の数が少ないため、セブン-イレブンのコーヒーマシンからわかる断水情報を合わせることで、より早く正確に断水の場所を知ることができ、早期の復旧につながることが期待されています。

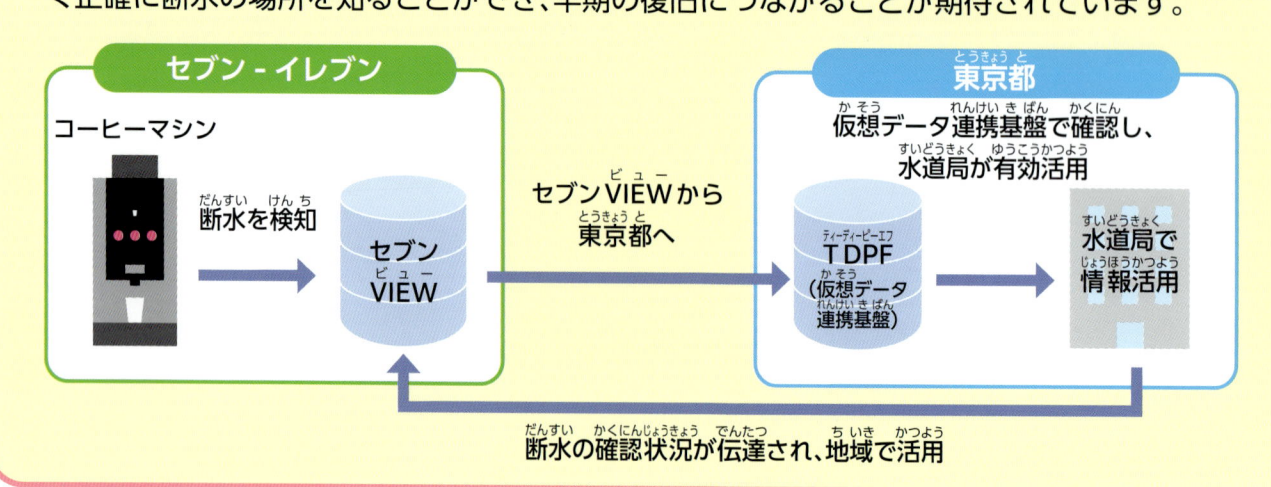

セブンVIEW 活用の実例

　2022年8月3、4日に、山形県に大雨特別警報が出されました。最上川などに氾濫の危険がある状況で、4日には氾濫しました。そんなときに、この地域の「氾濫危険情報」をもとに、セブンVIEWを活用して、周辺地域の店舗でどのような対策をすればいいかを決めることができました。

　また、その後の対応をセブン - イレブンの本部ですばやく判断することにも役立ちました。こうして、それぞれの店舗に指示、連絡をすることができたのです。

　大きな災害が起こったときには、そのときの被害状況だけでなく、その後の被害も予想して、どのような行動を取るのがいいのか判断しなければなりません。たとえば豪雨のとき、さらに雨が激しくなったり、川の氾濫が予測されたりしていたら、避難所に向かうことが、かえって危険な場合もあるからです。そのため、この実例のように、正確な情報をもとにして行動することが、とても大切になるのです。

セブンVIEWで、正確な情報をキャッチできれば、どのように行動すればいいのかわかるから助かるね。

そうですね、現在の状況と予測などを合わせて見られるのがよいところです。それに、セブンVIEWは、災害時にコンビニをいち早く再開して、地域の人たちの生活を支えるためにも役立っているんですよ。

おぼえておいてね！

統合災害情報システム DiMAPSとは　地震や台風、豪雨などの自然災害が起きたとき、いち早く現場から災害情報を集め、地図上にわかりやすく表示するシステムです。

気象庁とは　雨や風などの気象観測や、地震と火山の監視を行って、ふだんの生活に役立つ天気予報や、災害から命を守るための警報などを発信しています。

SNSとは　「LINE」「Facebook」「Instagram」「X（旧Twitter）」など、インターネット上のコミュニティサイトのことです。

4 災害のときに、コンビニが重要な場所になる

大きな自然災害は、人々の生活に多大な被害を残します。自宅が損傷したり、生活に欠かせない水や電気が使えなくなるなど、ふだん通りに生活できなくなることがあります。たとえそうでなくても、被災地では、生活に必要な物資が不足する状況が多く発生します。周辺の工場が被害を受けて、商品を製造できなくなることや、道路が通行できず、配送できなくなることもあるからです。また、災害時に公共交通機関がストップすることで、多くの人が帰宅できなくなることも心配されています。

全国にネットワークをもつコンビニは、その強みを生かして、自治体と協力しながら、災害時にも、地域の人々の生活を支えつづける重要な場所になっています。

災害支援協定

コンビニと自治体などは、災害時に人やものの支援をすることを決めた「災害支援協定」を結んでいます。被災地の状況や自治体からの依頼に応じて、さまざまなサポートをしているのです。

① 被災地に食料や日用品を届ける

◎ネットワークを生かして、近くの店舗や物流センターなどから、避難生活に役立つものをすばやく届けます。たとえば、生活に欠かせない水や、カップ麺、おにぎり、パンなどの食料、下着やタオル、軍手などの日用品です。

◎店内に調理スペース「まちかど厨房」があるローソンでは、物流がストップしても、店内に残っている材料で作り、できたての食品を販売できます。お弁当の具材がないときは、災害時のメニューとして塩飯おにぎり（税込100円）を販売できるしくみになっています。

② なるべく早く営業を再開できるようにする

◎一時的な停電があっても営業ができるように、非常用電源を準備しています。
◎被災地の店舗に、本部から従業員を送り、営業がつづけられるように支援します。
◎仮設店舗や移動販売車を使って、被災地での営業が早く再開できるようにします。

③ これまで行ってきたその他のサポート

◎協力会社貸し出しの急速充電器などを設置し、携帯電話の充電サービスを行いました。（ローソン）
◎断水エリアの一部の店舗では、駐車場に仮設トイレを設置しました。（セブン‐イレブン）

帰宅困難者支援協定

　大きな災害で公共交通機関がストップすると、自宅に帰れない帰宅困難者が多くなることが予想されています。それに備えて、コンビニと自治体とのあいだでは、帰宅できない人たちや自力で帰宅する人たちを助けるために「帰宅困難者支援協定」が結ばれています。

▲このステッカーが目印です。

◎水道水やトイレを利用できるようにする。

　飲料水やトイレにこまっている人を助けます。

◎帰宅のために必要な情報を提供する。

　公共交通機関の復旧状況や道路の状況などをすぐにキャッチし、地図を用意するなどして、帰宅困難者が自宅に帰ることができるよう助けます。

大きな災害が起こると、ものが足りなくなったり、たくさんの人の力が必要になったりするね。

地域が被害にあっていたら、そういう問題を、自治体だけで解決することは難しいでしょう。全国にネットワークをもっているコンビニは、災害でこまっている人たちを助けるために、被災した自治体をサポートしているんですよ。

地元密着で地域貢献！

地元密着で地域貢献！

コンビニは、フランチャイズシステムで全国にネットワークをもつ強みを生かし、自治体と協力しながら防犯の基地となったり、災害時に重要な役割を果たしたりしています。街の人たちの生活を見守り、安全・安心のための大切な場所になっているのです（→1章）。

コンビニの利用者は、店舗から半径500メートル、歩いて10分以内のところに住む人たちが中心だといわれています。コンビニは、そうした地域に住む人たちの生活に密着しているのです。

また、コンビニが店舗をふやしていく中で、フランチャイズに加盟してオーナーになった人の多くは、地元で商店（酒屋やたばこ屋など）を営んでいた人たちでした。街のことをよく知り、大切に思っている人たちです。ですから、当然、地元に貢献したいと考えるオーナーが多いのです。

コンビニには、地元に密着し、街の人たちの生活を知っているからこそできる地域貢献があります。コンビニが、どのようなかたちで地域とかかわり、地域の人たちのために役立っているのか見ていきましょう。

地域貢献って、ぼくたちにも関係あるのかな？

🟢 地域の人たちの買い物を助ける

地域に暮らす人の中には、買い物に出かけるのが大変な人もいます。店舗から離れた場所に住んでいる人もいますし、高齢だったり体が不自由だったりして、出かけることが難しい人もいます。コンビニでは、そういう人たちのために、移動販売を行っています（→28ページ）。

地域の活性化のための商品開発や販売

　地域によっては、人口がへったり、産業がおとろえたりしていることが問題になっています。街が活気を失っている状況を改善していく取り組みにも、コンビニは協力しています。そのひとつが地産地消への取り組みです（→32ページ）。

街になじみ、街づくりに貢献する

　それぞれの地域には、特色のある文化や、大切にしたい景観があります。その街独自の文化や景観になじみ、街づくりに貢献できるよう、コンビニでは、外観や商品の品ぞろえもくふうをしています。

ふだん見る
コンビニとぜんぜん
ちがう!!

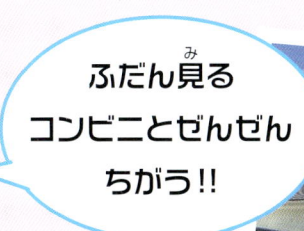

街並みに合わせた、街にとけこむ
デザインがステキですね。

移動販売

1 買い物が大変な人たちを助ける「動くコンビニ」

コンビニの店舗は日本全国にありますが、だれもが気軽に買い物に出かけられるわけではありません。店舗が近くにない場所もありますし、高齢者や障がいがある人など、買い物に出かけるのが大変な人もたくさんいます。コンビニでは、このような人たちにとってべんりな、インターネットで注文を受けて届けるサービス（→1巻20ページ）を行ったり、車に商品を積んで移動販売するサービスを進めています。

買い物に出かけられずにこまっている人って、多いのかなあ。

農林水産省では、2020年時点で全国に約904万人もの「食料品アクセス困難人口（買い物にこまっている人）」がいると推測しているんですよ。

コンビニの移動販売とは

買い物に出かけるのが大変な人たちが待つ場所に車で出向き、コンビニであつかっている商品を販売するサービスです。販売場所に合わせて、利用者に必要そうな商品やよろこんでもらえそうな商品を車に積んで出かけます。販売車には、販売する場所やスペースに合わせて、軽自動車、軽トラックからトレーラーまで、さまざまな車両が使われています。

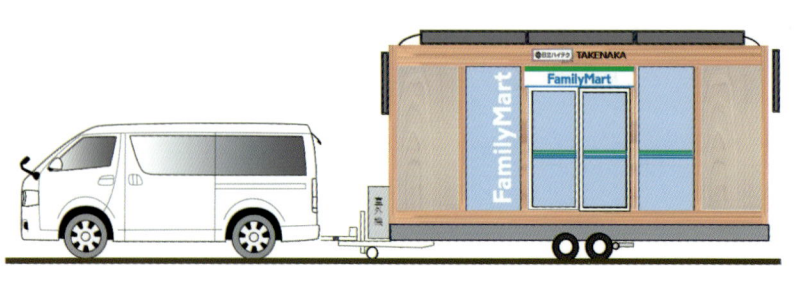

移動販売の流れ

1 店員が店舗にある商品の中から、移動販売するための商品を選ぶ。

いってらっしゃい！

2 移動販売車にその商品を積んで、あらかじめ決めておいたルートで、1日に何か所かをまわる。

3 販売場所ごとに、曜日や時間帯を決めておくことで、常連の利用者がくる。

いつもありがとう。

4 ルートをまわりおえたら、店舗にもどってくる。

おかえりなさい！

行く場所ごとに、曜日や時間帯を決めることで、お客さんと顔見知りになり、毎回利用してもらえるようになるんですよ。

どんな場所で販売しているんだろう

　コンビニの移動販売は、地元密着のサービスです。地域の人々のために、次のような場所で販売を行っています。

いろいろな地域で移動販売をしているんだね。

① 近くに店舗がない地域

　人口がへっている地域など、店舗が少ない場所、徒歩で気軽に買い物に行くことができない人たちの住む地域で販売を行います。また都市部でも、坂道が多くコンビニまで歩いていくのが大変なところもあります。とくに、高齢者や障がいのある人などは、買い物にふべんを感じているでしょう。このような場所で、自治体とも協力しながら移動販売を行うケースもあります。

② 被災地（ひさいち）

大きな災害（おおきなさいがい）が起（お）こったときには、公共交通機関（こうきょうこうつうきかん）が使（つか）えなくなったり、工場（こうじょう）や商店（しょうてん）、スーパーが被害（ひがい）を受（う）けたりします。生活（せいかつ）に必要（ひつよう）な買（か）い物（もの）ができなくなってしまうことも多（おお）いのです。こうした被災地（ひさいち）の人々（ひとびと）のために、移動販売（いどうはんばい）を行（おこな）っています。

東日本大震災発生後（ひがしにほんだいしんさいはっせいご）、被災地（ひさいち）で移動販売（いどうはんばい）が行（おこな）われ、被災（ひさい）した人々（ひとびと）にとって大切（たいせつ）な存在（そんざい）になった。

大きな地震（おおきなじしん）や津波（つなみ）でお店（みせ）がなくなると、こまるよね。

コンビニ各社（かくしゃ）は、被災地（ひさいち）の店舗（てんぽ）の営業（えいぎょう）をできるだけ早（はや）く再開（さいかい）できるように取（と）り組（く）んでいますが、移動販売車（いどうはんばいしゃ）はすぐに遠（とお）くからでもかけつけることができるので心強（こころづよ）いですね。

③ 高齢者施設（こうれいしゃしせつ）、工場（こうじょう）、学校（がっこう）など

高齢者施設（こうれいしゃしせつ）には、買（か）い物（もの）に出（で）かけることが難（むずか）しい人（ひと）がたくさんいます。また、近（ちか）くに店舗（てんぽ）がない工場（こうじょう）や学校（がっこう）などの施設（しせつ）もあります。そのような施設（しせつ）にいる人（ひと）たちのために、移動販売車（いどうはんばいしゃ）で出向（でむ）いて買（か）い物（もの）を楽（たの）しんでもらっています。

★ 買（か）い物（もの）が大変（たいへん）な人（ひと）たちを優先（ゆうせん）する「スローショッピング」 ★

ファミリーマートでは、「スローショッピング」という取（と）り組（く）みがはじまっているよ。ほかの利用者（りようしゃ）を気（き）にせずに高齢者（こうれいしゃ）がゆっくりと会計（かいけい）できるように優先（ゆうせん）レジを設置（せっち）したり、認知症（にんちしょう）の人（ひと）でも安心（あんしん）して利用（りよう）できるように、認知症（にんちしょう）サポーターの店員（てんいん）が対応（たいおう）するなど、だれでも安心（あんしん）して利用（りよう）できる店舗（てんぽ）づくりを進（すす）めているんだ。

移動販売のいいところ

実際の商品を見て選ぶことができ、店員やほかの利用者と会話する機会もあり、買い物の楽しみが広がります。コンビニの移動販売は、地域の交流の場になり、人と人とのつながりを深め、助け合うきっかけを作っています。

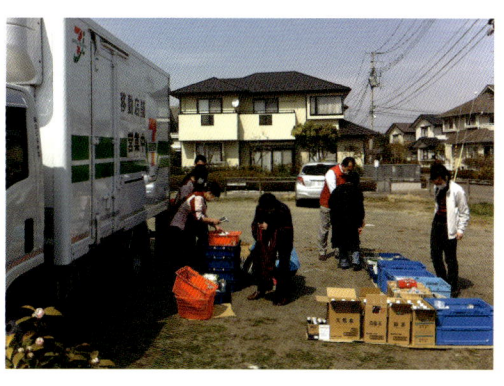

コンビニの移動販売を楽しみに待っている人がたくさんいるんだね。

販売する場所と時間が決まっていると、毎回だいたい同じ人たちが買い物にきます。いつもくる人がきていないと、店員さんは心配して、その人が元気に過ごしているかどうか、ようすを見に行ったりすることもあるんですよ。商品を売るだけじゃなくて、地域の人たちを見守っていることも、移動販売のいいところですね。

★ 郵便局の空きスペースを移動販売の基地に ★

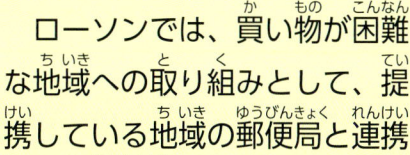

ローソンでは、買い物が困難な地域への取り組みとして、提携している地域の郵便局と連携した移動販売サービスをはじめているよ。郵便局の空きスペースを移動販売の商品補充などのための基地として活用することで、コンビニ店舗がない地域でも、移動販売ができるようになったんだよ。

2 <ruby>地産地消<rt>ち さん ち しょう</rt></ruby>

地元産のものを地元で消費し、地域の人たちを応援する

地産地消とは、地域で生産された農産物（野菜や果物）や水産物（魚や貝、カニ、タコなど）、地域の資源などを、その地域で消費することです。地元の人たちは、その商品がいつどこで作られたものなのかよくわかるので、安心して買うことができます。また、食材を収穫し、加工した土地で食べれば、輸送距離が短くなるので、輸送するトラックのCO_2排出量も少なくなります。

このように地産地消は、消費者に安心感を与え、環境にやさしいという利点があります。また、地産地消は、地域の産業を活発にしたり、伝統的な食文化を伝えたりすることに役立つことも期待されています。国は法律を整えるなど、地産地消を積極的に進めています。コンビニでは、地産地消にどのように取り組んでいるのでしょうか。

地元で朝とれた野菜は、とても新鮮そうだね。

朝収穫した新鮮な野菜や果物を、新鮮なうちに買えるとうれしいですね。輸送にかかる費用が少なくてすむので、安く買えることが多いのも地産地消のいい点ですよ。

コンビニの地産地消への取り組み

コンビニの店舗は、地域の人々の暮らしに深く結びついているので、地域の食材や食の好みをよく知っています。また、地元密着の営業をつづけていく中で、地域の生産者とよい関係を結んでいます。さらに、コンビニチェーンとしては、全国に製造工場をもっているので、地域ごとの商品を開発、製造することができます。コンビニは、こうした強みや特徴を生かして、地産地消に積極的に取り組んでいます。

❶ 地元の食材を使って、地域の活性化につなげる

全国各地のコンビニは、食材の産地と工場、店舗が近い距離にあり、地域ごとに特色のある商品を開発できる環境が整っています。地元産の食材を使った商品を、地域の工場で製造し、地域の店舗で販売して地元の利用者に買ってもらうことは、地域を元気づけることにつながります。消費をう

ながすことで、地域の農業や水産業、製造業を応援することができるのです。

セブン-イレブンでは2024年10月に、全国を北海道、東北、新潟北陸、関東、長野山梨、東海(岐阜愛知三重)、東海(静岡)、関西、中国四国、九州、沖縄の11の地域に区分けした「地域フェア」を開催しました。

それぞれの地域の食材などを使った商品を開発し、その地域の工場で作り、その地域のセブン-イレブン店舗で販売するという取り組みです。

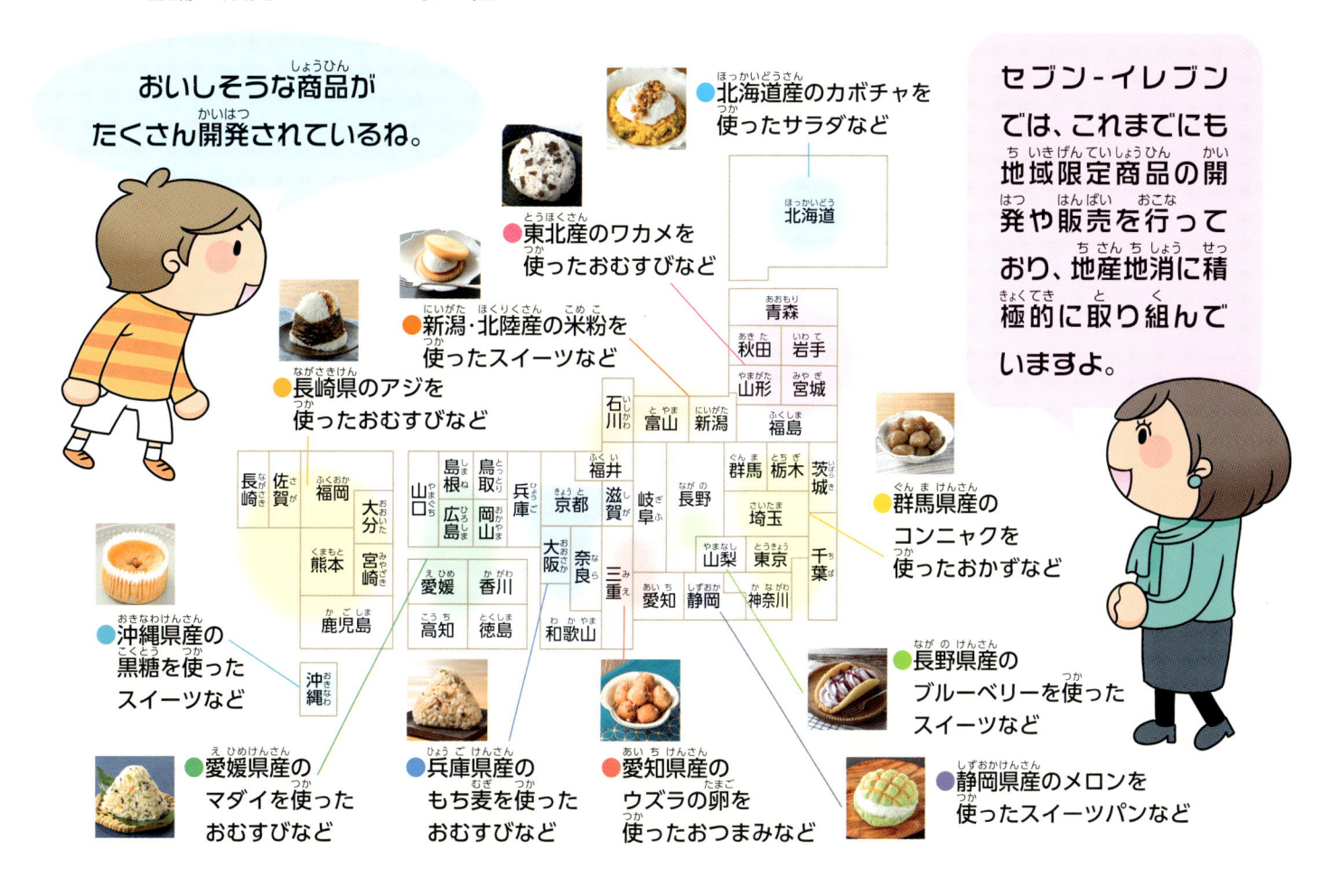

おいしそうな商品がたくさん開発されているね。

セブン-イレブンでは、これまでにも地域限定商品の開発や販売を行っており、地産地消に積極的に取り組んでいますよ。

北海道産のカボチャを使ったサラダなど

東北産のワカメを使ったおむすびなど

新潟・北陸産の米粉を使ったスイーツなど

長崎県のアジを使ったおむすびなど

群馬県産のコンニャクを使ったおかずなど

沖縄県産の黒糖を使ったスイーツなど

長野県産のブルーベリーを使ったスイーツなど

愛媛県産のマダイを使ったおむすびなど

兵庫県産のもち麦を使ったおむすびなど

愛知県産のウズラの卵を使ったおつまみなど

静岡県産のメロンを使ったスイーツパンなど

★ 「産地と、コンビに、」をテーマに生産地を応援!! ★

ファミリーマートでは、日本各地の農産物を使ったアイスバーをシリーズ化して、プライベートブランド「ファミマル」の商品として数量限定で販売しているよ※。アイスバーは、福島県産の桃、長野県産の梨、和歌山県産のみかんなど7つの産地の7つの農産物が使われたんだって。これからも各地域の農産物を使って商品化していく予定だそうだよ。

※現在販売は終了しています。

② 地域ごとの食の好みに合わせた商品の販売

　地域ごとに味の好みやメニュー、食べ方などにはちがいがあります。そうしたちがいに合わせて、その地域の人たちによろこんでもらえるような商品を開発しています。たとえば、セブン‐イレブンでは、豚汁の「だし」や「つゆ」を地域ごとに使い分けたり、味つけなどを変えたりしています。

セブン‐イレブンの12種類の豚汁

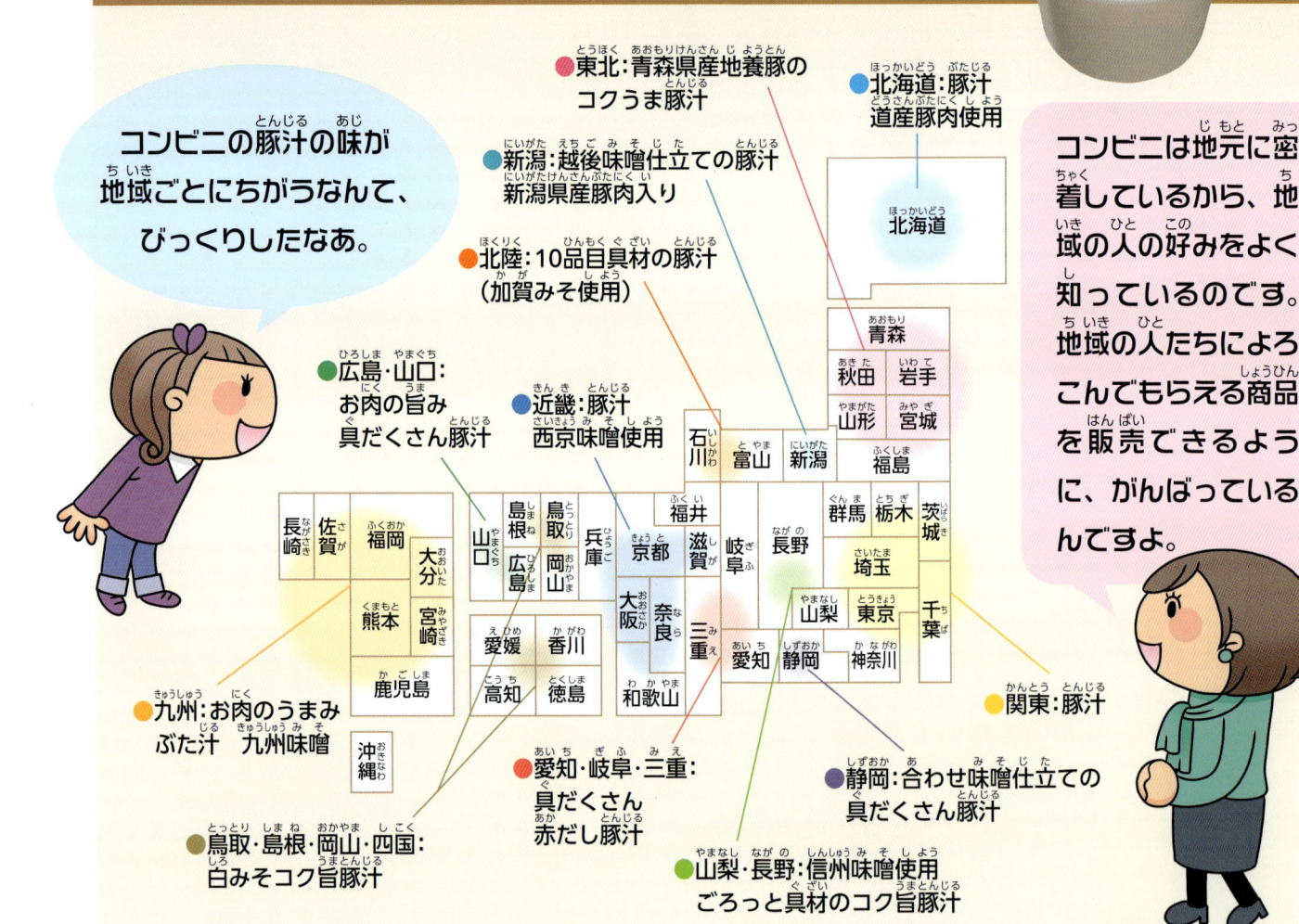

東北：青森県産地養豚の
コクうま豚汁

北海道：豚汁
道産豚肉使用

新潟：越後味噌仕立ての豚汁
新潟県産豚肉入り

北陸：10品目具材の豚汁
（加賀みそ使用）

コンビニの豚汁の味が
地域ごとにちがうなんて、
びっくりしたなあ。

広島・山口：
お肉の旨み
具だくさん豚汁

近畿：豚汁
西京味噌使用

コンビニは地元に密着しているから、地域の人の好みをよく知っているのです。地域の人たちによろこんでもらえる商品を販売できるように、がんばっているんですよ。

九州：お肉のうまみ
ぶた汁　九州味噌

愛知・岐阜・三重：
具だくさん
赤だし豚汁

静岡：合わせ味噌仕立ての
具だくさん豚汁

関東：豚汁

鳥取・島根・岡山・四国：
白みそコク旨豚汁

山梨・長野：信州味噌使用
ごろっと具材のコク旨豚汁

③ 地元食材を販売する

　地元でとれたての野菜や果物を販売している店舗もあります。生産者を応援し、安心で新鮮な食材を地域の利用者に食べてもらえるように、販売を行っているのです。

新鮮な
野菜や果物は
おいしいよね！

④ 地元の木材を活用した店舗づくり

　地産地消は、食材だけではありません。その地域で生産される木材などを使うことも、地産地消のひとつの取り組みといえます。

　ローソンでは、地域活性化の活動のひとつとして、その地域の木材を使った木造の店舗づくりも進めています。北海道では、2024年5月末時点で、14店舗が北海道産の木材で作られています。そして、青森県や岩手県でも、地元の木材で店舗が作られています。

　また、セブン‐イレブンでも、地元の木材を使った木造の店舗「セブン‐イレブン福岡ももち店」を2024年8月にオープンしています（→24ページ）。セブン‐イレブンでは、国（農林水産省）と協定を結んで、店舗づくりで木材利用を積極的に進めています。

ローソン室蘭中島町二丁目店

ローソン上厚真店

ローソン青森中央高校前店

それだけではありません。地元の食材や資源を使った商品を開発したり、店舗を作ったりすることで、商品を作る工場で働く人、商品を販売する人、新しい店舗を建設する人など、地域の多くの人たちがかかわることになり、地域に活気が生まれるんですよ。

地産地消は、地元の生産者を応援する取り組みなんだね。

3 景観になじむ外観や地域ならではの商品

コンビニの外観の色や建物のかたちは、全国どこに行っても同じだと思っている人が多いかもしれませんが、じつはそうではありません。みなさんの中にも、観光地に行ったとき、コンビニが見なれた外観とちがっていて、驚いたことがある人もいるかもしれませんね。また、ふだん見ているのとは、ちがった商品が並んでいて、興味をもった人もいるのではないでしょうか。このように、コンビニの店舗の外観や商品の品ぞろえにちがいがあるのはなぜなのでしょうか。

外観がちがうコンビニがあるのはなぜ？

それぞれの自治体では、街の景観を守り、統一感を出すために、景観条例が定められています。建物の高さや看板の大きさ、デザイン、色の基準などが決められているのです。とくに、歴史的な地区（京都や鎌倉など）では、美しい街並みを守るために、とても細かいルールがあります。コンビニはそのルールにしたがって、一般の店舗にくらべ、特徴的な外観の店舗になっているのです。

ローソン祇園花見小路店

ファミリーマート箱根小涌園店

ローソン宮島店

近所のコンビニとは、見ためがちがう!!

コンビニの商品にちがいがあるのはなぜ？

　日本の食文化は、全国どこでも同じというわけではありません。地域ごとに特色のある食文化があり、同じ食べ物でも、地域によって味の好みや食べ方がちがっていることも多いのです。そこで、コンビニでは、地域の人々の好みに合った商品の開発を進め、販売しています。また、それぞれの地域の特産品を使用した商品の開発も行われています（→32ページ）。コンビニの商品は、地域の利用者によろこんでもらえるように、そして、街に活気が生まれるように、それぞれの地域でくふうされているのです。

地域限定の
おいしい商品を買って
食べてみたいなあ。

わたしも！

販売している商品にちがいがあるかもしれないから、のぞいてみるといいですね。地域の特産品もわかるし、特産品を使った地域限定の商品があるかもしれないですよ。それに、その地域限定のものを買うことは、地域を応援することにつながります。ぜひ興味をもってみてくださいね。

★ より広く地域の魅力を発信するアンテナショップ ★

　ローソンでは、東京都内などの一部の店舗に、自治体と連携して、各地域の観光をPRしたり、特産品を販売したりする「アンテナショップ」を設置しているよ（2024年5月末時点で通年営業しているのは、3自治体の4店舗）。現地に行かなくても、地域の特産品を買うことができ、置いてあるパンフレットでその地域の魅力を知ることができれば、旅行に行ってみようとか、ほかの特産品も買ってみたいと思うよね。これも、コンビニが地域を応援する活動なんだよ。

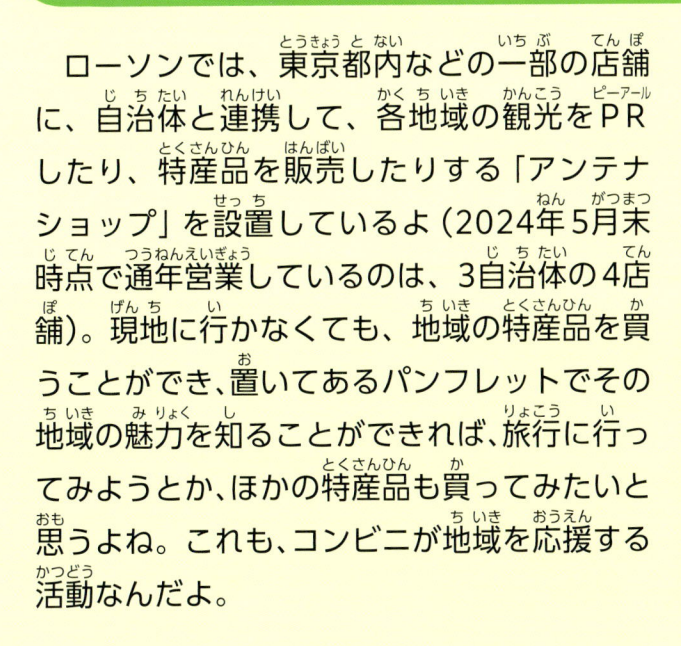

地域社会をさらにイキイキさせる 未来のコンビニ

コンビニは今、ただ買い物をするためだけの場所ではなくなっています。自治体と協力しながら、地域の生活にかかわるたくさんのサービスを実施し、安全・安心で、活気のある街づくりのために、力を発揮しています。コンビニ各社は、今後さらに自治体との連携を強め、各店舗が、地元の人たちに役立つような地域貢献を進めていきます。

わたしたちとコンビニの未来は、今よりもっともっと身近で親しい関係になっていくことでしょう。

全国規模で情報を共有し、効率のよい物流システムがあるコンビニだからできる地域貢献があるのですね。

1 その街の生活情報を共有できる場所に

コンビニは、配送センターが全国にあるので、災害で一部が被害を受けてもほかのセンターからの支援で食品が届きやすいのが特徴です。また、セブンVIEWなどにより情報も集めやすく、災害時には地域住民に食料や情報を提供する中心的な場所になっていくでしょう。

2 街の資源を有効利用する基地に

地元の食材を使って地元の人たちに供給する地産地消は、今後ますます広がっていくことでしょう。そして、食に関する地産地消だけでなく、地元の木材を使った店舗づくりなどもさらに進むでしょう。また、セブン‐イレブンではじまっている、再生可能エネルギーの地産地消も発展していくでしょう。

3 コンビニの強みを生かした地域の人たちの生活を支える基地に

現在ローソンでは、スーパーの跡地などに「地域共生コンビニ」の出店を進めています。物流ネットワークと少人数で運営できるコンビニの強みを生かし、自治体などの協力を得て営業するコンビニです。地元の新鮮な野菜なども取りあつかっています。

さくいん

コンビニのこれからの
変化（へんか）にも注目（ちゅうもく）ですね。

いつかまたいっしょに
学（まな）びましょう！

またねー！

★ 監修

吉岡 秀子（よしおか ひでこ）

コンビニジャーナリスト。関西大学社会学部卒。2000 年ごろからコンビニエンスストアに関する取材をはじめ、以後、コンビニの商品・サービス開発の舞台裏や各チェーンの進化を消費者視点で研究している。最近は、コンビニの動向から現代社会の課題を見出すことをテーマに教壇に立つなど、幅広く活動中。『セブン - イレブンは日本をどう変えたのか』（双葉社）、『コンビニ　おいしい進化史』（平凡社）など、著書多数。

★ 協力・写真提供

株式会社セブン - イレブン・ジャパン
株式会社ファミリーマート
株式会社ローソン
一般社団法人日本フランチャイズチェーン協会

★ スタッフ

装丁	RiAD DESIGN
本文デザイン・DTP	有限会社オズプランニング（澤田京子）
イラスト	赤澤英子
写真撮影	伊井龍生
撮影モデル	田中鈴夏
編集協力	有限会社オズプランニング

コンビニから社会をさぐる
③ コンビニの地域貢献が止まらない！

2025 年 2 月 27 日　初版第 1 刷発行

監　修	吉岡 秀子
発行者	西村保彦
発行所	鈴木出版株式会社
	〒 101-0051　東京都千代田区神田神保町 2-3-1 岩波書店アネックスビル 5F
	電話／ 03-6272-8001　FAX ／ 03-6272-8016
	振替／ 00110-0-34090
	ホームページ　https://suzuki-syuppan.com/
印　刷	株式会社ウイル・コーポレーション